Nun pass e'mal uff

Gedanken und Gefühle

Anne von Hebels

Nun pass e'mal uff
- Gedanken und Gefühle -

Hebels, Anne von:

Nun pass e'mal uff. Gedanken und Gefühle.

Print   ISBN 978-3-942818-20-9

E-Book   ISBN 978-3-942818-22-3

© Verlag: Kalden-Consulting, Flörsbachtal 2020

Herstellung: Books on Demand GmbH, Norderstedt

Die Deutsche Nationalbibliothek verzeichnet diese Publikation in der Deutschen Nationalbibliografie; detaillierte bibliografische Daten sind im Internet über http://dnb.dnb.de abrufbar.

Inhaltsverzeichnis

Dein

Lieben heißt, sich zu verlieren
in einem Meer aus Zärtlichkeit.
Lieben heißt, sich zu vertrauen
bis in die Ewigkeit.

Lieben heißt sich zu vergessen,
nur den Partner zu sehen.
Lieben heißt, sich zu verstehen,
nie im Alleingang zu gehen.

Lieben heißt, auch zu verbrennen,
wenn die Sehnsucht nagt.
Lieben heißt, auch zu verzichten,
wenn man nicht mehr gefragt.

Gefühle

Gefühle sind vergänglich.

Gefühle bedeuten Wahn.

Gefühle darf man nicht haben,

denn dann ist man schlimm dran.

Gefühle muss man abbauen.

Gefühle machen so weich.

Gefühle darf man nicht haben.

Durch Gefühle wird man nicht reich.

Gefühle verletzen die Seele.

Gefühle zerstören den Verstand.

Gefühle darf man nicht haben,

mit Gefühlen treibt man nur Tand.

Gefühle gehören zum Luxus.

Gefühle rauben den Schlaf.

Gefühle darf man nicht haben,

denn mit Gefühlen ist man so brav.

Wenn du bei mir bist,
umgibt mich nur Zärtlichkeit.

Wenn du bei mir bist,
vergesse ich Raum und Zeit.

Wenn du bei mir bist,
scheint immer die Sonne.

Wenn du bei mir bist,
erleb' ich höchste Wonne.

Wenn du bei mir bist,
ist die Welt rosarot.

Wenn du bei mir bist,
vergesse ich selbst den Tod.

Nur mit Dir!

Nur mit Dir!

Möchte ich den Mann im Mond besuchen,
eine Reise zu ihm buchen.

Nur mit Dir!

Möchte ich näher zu den Sternen rücken,
dir einen davon pflücken.

Nur mit Dir!

Möchte ich auf Elefanten reiten,
Kraniche auf ihrem Flug begleiten.

Nur mit Dir!

Möchte ich die Zeit anhalten,
die Welt ein bisschen neu gestalten.

Nur mit Dir!

Möchte ich ein wenig am Rädchen dreh'n,
unsichtbare Wunder seh'n.

Das alles und noch mehr!
Nur mit Dir!!

Jeden Tag mit dir verbringen,

jede Stunde bei dir sein,

nur so kann alles mir gelingen,

dann sind alle Sorgen klein.

Alle Freude mit dir teilen,

an schlechten Tagen zu dir steh'n,

an deiner Seite ewig weilen,

den Himmel um seine Gunst anfleh'n.

Steine aus dem Weg dir räumen,

die Sterne holen vom Firmament,

in deine Augen seh'n und träumen,

das ist es, was mir wirklich fehlt.

Liebe

Liebe ist der Anfang vom Ende der Furcht.

Liebe ist mehr als ein Gefühl – Liebe ist Leben.

Liebe verleiht der Seele Flügel.

Liebe ist mehr als nur Sex.

Liebe ist auch Leid.

Liebe jedoch überdauert den Tod.

Heimat

Heimat

Goldene Ähren auf wogenden Feldern,

hohe Fichten in rauschenden Wäldern,

grasende Rinder auf saftigen Weiden,

Blumen am Wegrand, die uns begleiten.

Saubere Luft und klare Bäche

vermoderte Tümpel voll quakender Frösche,

und im weiten Tal liegt die kleine Stadt,

die noch enge Gassen und alte Gemäuer hat.

Verschlafene Ruinen grüßen von Bergeshöh'n,

oh, meine Heimat, wie bist du so schön.

Freude ist…

Freude ist,

der Sonnenaufgang am Morgen,

ein Tagesbeginn ohne Sorgen.

Freude ist,

auf der Fensterbank ein zwitschernder Spatz,

lachende Kinder auf dem Spielplatz.

Freude ist,

duftendes Gras auf den Wiesen,

erste Veilchen, die sprießen.

Freude ist,

goldene Ähren auf den Feldern,

himmlische Ruhe in den Wäldern.

Freude ist,

die kleinen Dinge, sehen im Leben,

nicht nur Nehmen, sondern Geben.

Herbstmorgen

Golden schickt die Sonne

uns ihre letzten Strahlen,

das Laub ist bunt gefärbt

so kann es kein Maler malen.

Silbern glitzern in dem Lichte

Spinnennetze drunten im Tal.

Altweibersommer heißt das Wunder

und man kennt es überall.

Die Tautropfen auf den Halmen

schimmern wie die Perlen schön,

das sind die ersten Zeichen

der Sommer muss nun geh'n.

Auf schneebedeckten Feldern
spiegelt der Sonne Glanz,
märchenhaft dichte Wälder
ruhen noch vor der Mücken Tanz.

Vereiste Bäche und Flüsse
laden zum Schlittern ein,
kahle Bäume träumen
im ersten Sonnenschein.

Majestätische, weiße Gipfel
ragen in das klare Blau,
der Winter geht zu Ende
man spürt es ganz genau.

Zukunft

Es war als hätt' der Teufel
die Stadt Wetter wachgeküßt,
dass sie im Windradschatten
von Euros träumen müßt.

Es schlugen laut die Räder,
die Lampen blinken grell,
die Bäume liegen nieder,
die Nacht ist ziemlich hell.

Meine Seele weint nun,
der Wollenberg ist tot.
Ein Biotop vernichtet,
so langsam seh ich rot.

frei nach Eichendorff

Ohne Bauern!!

Ohne Bauern wär' gar groß die Not,

sie sorgen für unser täglich Brot.

Ohne Bauern gäb's kein Obst und kein Gemüse,

sie erzeugen unsere wahren Genüsse.

Sie züchten Schweine, Geflügel und Rinder.

Ohne Bauern hungern wir und auch die Kinder.

Sie liefern immer wieder frische Milch,

Butter, Käse auf den Tisch.

Ohne Bauern gäb's keinen knusprigen

Braten, keinen Burger, keine Currywurst,

nur Leitungswasser für den Durst.

Rümpft nicht eure Nase, wenn's auf dem Bauernhofe stinkt,

denn der Mist wird gebraucht, damit wird gedüngt.

Drum danket Gott und den Bauern für all die Gaben,

die wir so alle im Leben haben.

Der Schnee ist verschwunden,

die Natur ist erwacht.

Jetzt heißt es erkunden,

was der Frühling gebracht.

Die Bienen besuchen die Blumen

und sammeln Nektar ein,

Ameisen tragen die Puppen

spazieren im Sonnenschein.

Hirschkäfer sind auf der Suche

nach Nahrung in jeder Form.

Der Maulwurf setzt seine Zeichen

mit Hügeln ganz enorm.

Eichhörnchen in den Bäumen

jagen von Ast zu Ast.

Die Mäuse bauen ihre Gänge zwar eifrig,

doch ohne jede Hast.

Regenwürmer lockern den Boden,

die Erde ist noch hart,

und auf der Wiese ein Rebhuhn,

das nach Körnern scharrt.

Scheue Rehe am Waldesrand

äsen das junge Grün,

die Kraniche hört man nach Norden ziehen.

Vögel in den Zweigen singen ihre Melodie,

der Mensch muss sich verneigen

vor dieser Harmonie.

Wir hören das Rauschen des Meeres,

die Wellen berühren sanft den Strand.

der Mond am Himmel bewacht

der Sterne leuchtendes Band.

Eine leichte Brise streift uns sacht,

wir hör'n einen Vogel schrei'n.

So eine prächtige Sommernacht

Verbringt man nicht gerne allein.

Eine Sternschnuppe am Himmelszelt,

gibt einen Wunsch uns frei.

Ach, wenn ich doch immer bei dir sein könnt',

wär' mir alles andere einerlei.

Sommernächte so wie diese,

romantisch und unsagbar schön,

möchte man so gerne festhalten,

auf dass sie nie zu Ende geh'n.

Sie waren Deutsche!

Sie waren hier geboren
lebten als Nachbarn nebenan.
Sie haben vielen von uns geholfen,
haben keinem etwas getan.

Sie waren Deutsche!

Sie haben im Ersten Weltkrieg gekämpft,
für ihr deutsches Vaterland.
Viele starben den Heldentod,
wurden gefangen im Feindesland.

Sie waren Deutsche!

Dann kam das Dritte Reich
und damit fing alles an.
Sie wurden verfolgt und ermordet,
weil sie „anders" als die „Anderen" waren.

Sie waren „deutsche Juden",
die von „deutschen Christen"
ermordet wurden!!!

Über Nacht ist der Winter gekommen,

er brachte viel Eis und Schnee,

hat die Natur in Besitz genommen,

da hilft kein Ach und Weh.

Vergessen sind die lauen Nächte,

die der Sommer uns beschert',

Einheizen ist jetzt die Devise,

alles andere wäre verkehrt.

Das auch Wintertage Gutes haben,

ist bekannt schon weit und breit,

man kuschelt gern am warmen Ofen,

und sucht die traute Zweisamkeit.

Natur! – Natur?

er Sturm ist ein starker Herrscher,

er kommt mit großer Kraft,

er kann alles zunichte machen,

was Menschenhände geschafft.

Ihn kann man nicht aufhalten,

er reißt alles mit sich fort,

er gehört zu den Naturgewalten

und jagt von Ort zu Ort.

Er führt uns brutal vor Augen,

wie klein und machtlos wir sind,

er kommt mit Trompeten und Pauken,

er ist der große Bruder vom Wind.

In die Unendlichkeit des Alls

dringen die Menschen vor.

Sie bringen alles durcheinander

und nehmen es noch mit Humor.

Sie suchen nach anderen Planeten,

die auch bewohnbar sind,

drum jagen sie ihre Raketen

in den blauen Himmel geschwind.

Sie denken nicht an die Folgen

nehmen Sonne und Mond aufs Korn,

doch rächt sich alles auf Erden,

aber Hauptsache weiter nach vorn.

Sie haben die Luft verpestet

die Meere sind verseucht,

es wurden auch Bomben getestet

egal was da keucht und fleucht.

Sie haben Atome gespalten

mit Genen manipuliert.

Wollen wir so unsere Welt erhalten?

Ich glaub' Mutter Erde verliert.

Öl

Glitschig und schwarz ist der Strand,

Erdöl frisst sich in den weißen Sand.

Auf dem Wasser ein Teppich aus „flüssigem Gold",

es gibt Menschen, die haben das so gewollt.

Die Fische sterben in großer Zahl,

alle Seevögel dort leiden Todesqual,

die Pflanzen bekommen keine Nahrung mehr.

Wo nehmen die Menschen das Trinkwasser her?

Überall Öl!

Einst Segen,

heut Fluch!

Es breitet sich aus als Leichentuch.

Wasser

Chemie ist in Bächen und Flüssen,
Regenwasser ist radioaktiv,
es hilft nicht die Augen zu schließen
weil die Menschheit vor kurzem noch schlief.

Wir bleichen weiterhin unsere Wäsche,
nehmen Weichspüler weiter zur Hand,
Schaumkronen auf den Bächen
zeugen vom Unverstand.

Ohne Wasser gibt es kein Leben,
die Erde wäre wüst und leer,
Wasser muss es immer geben.
Wo kommt sauberes Wasser her?

Die Eiche

Als die Welt noch in Ordnung war,

da wurde sie gesetzt.

Das ist jetzt über zweihundert Jahr'

und dennoch lebt sie jetzt.

Sie hat viele Kriege erlebt

und hat sie überstanden.

Oftmals hat die Erde gebebt,

doch sie saß fest in den Landen.

Mit ihrem dichten Blätterkleid

hat sie an vielen Tagen

manch` Wandersleute hocherfreut,

wenn sie im Schatten lagen.

Sie hat Mensch und Tier Schutz gewährt

vor den Naturgewalten.

Hat sich stets allein ernährt,

denn sie wollte sich selbst erhalten.

So hat sie ihr Leben in Stille verbracht,

bis die Industrie hat zugeschlagen.

Die Umweltsünden rächen sich jetzt,

das Gift fängt an zu nagen.

Noch zweihundert Jahre erlebt sie nicht,

denn dafür ist der Smog zu dicht.

Plastik! Plastik!

Plastik, Plastik, hochgelobt,

es wurde in fast allen Bereichen erprobt.

Plötzlich stellt man dann mal fest,

Plastik ist `ne wahre Pest.

Alles wurde aus Plastik gemacht,

es ist unkaputtbar und baut sich nicht ab.

Die Welt ist mit Plastik zugemüllt,

das nun aus jeder Ritze quillt.

Die Entsorgung ist auch prima geregelt, gelbe Tonne, gelber Sack,

natürlich aus Plastik, darin füll' ich's dann ab.

Geniale Lösungen sind hier gefragt,

sollte man's schreddern und schmelzen?

Baustoffe damit ergänzen?

Nach Lego-Art Module gießen,

dass ganz viele Häuser aus dem Boden sprießen?

Jeder baut für sich allein

ein wunderschönes Eigenheim!

Politikmüde? Keineswegs!
Gesellschaftskritisch!

Heute dreht sich alles um den Klimawandel,
die Politiker sind sich einig, jetzt muss man handeln,
drum schrauben sie den Benzinpreis höher,
so sind sie dem Ziel gleich ein Stückchen näher.
Abzocke, Abzocke.

Mit dem Auto in den Urlaub, das wird ganz schön teuer,
und das Ozonloch wird noch größer. Wie ungeheuer.

Dann nehmen wir doch lieber einen Billigflieger,
der bringt uns für wenig Geld
in jeden Winkel unserer Welt.

Das schönste an der Reise ist doch klar,
ist ein Flug durch das Ozonloch. Wie wunderbar!

Nur ein bißchen Dreck

Die Menschen vernichten sich ganz von allein,

denn die Profitgier ist groß,

doch die Gewinne sooo klein.

Drum werden die Lebensmittel gestreckt,

uns ist's doch egal, wenn mal einer verreckt.

Irgendwann fliegt der Schwindel auf,

das nimmt man für mehr Profit gern in Kauf.

Jeden Tag rückt ein neuer Skandal in's Licht,

um das zu vermeiden ist die Politik in der Pflicht.

Anmerkung:

In der Wurst sind Listerien,

in Milch und Käse sind Bakterien,

in der Bevölkerung sind Hysterien.

Mit Erschrecken habe ich festgestellt, daß immer mehr Menschen, mit immer weniger geistigem Potential, immer höhere Ziele verfolgen.

Der Kredit vom letzten Urlaub ist abbezahlt,

es ist wieder Sommer und das Fernweh nagt.

Ein neuer Kredit wird aufgenommen,

um aus dem grauen Deutschland wegzukommen.

Im letzten Jahr hatte man Afrika mit Safari gebucht.

In diesem Jahr wird Australien besucht.

So geht es seit Jahr und Tag rund um die Welt,

alles mit gepumpten Geld.

Sechs Wochen Urlaub sind schnell vorbei,

aber den Rest des Jahres arbeiten oh wei, oh wei.

Der Arbeit Lohn

Wer arbeitet, der hat kein Geld;

dem Faulen dem gehört die Welt,

der macht Urlaub das ganze Jahr

und findet's auch noch wunderbar.

Vater Staat bezahlt die Zeche,

wer arbeitet muß bleche, bleche.

Arbeit strengt ja so sehr an,

daß man gar nicht anders kann,

Beine hoch, ne Flasche Bier,

Fernseh an, Hold kommt um vier.

Vater Staat bezahlt die Zeche,

wer arbeitet muß bleche, bleche.

Arbeiten gehn nur die Doofen,

die Faulen gehen lieber schwofen,

kommen morgens erst nach Haus

und schlafen dann bis mittags aus.

Vater Staat bezahlt die Zeche,

wer arbeitet muß bleche, bleche.

Wenn das so weiter gehen soll,

hab' ich bald die Nase voll,

leg dann meine Arbeit nieder

und schone somit meine Glieder.

Vater Staat bezahlt mich auch

und mir scheint die Sonne auf den Bauch.

So geht es auch

Es ist so schön, ein Rentner zu sein,

nach fünfzig Jahren Müh' und Plag'.

Man liegt dann länger im Bett daheim

und freut sich auf jeden neuen Tag.

Man hat zwar weniger Geld als zuvor,

doch dafür auch ein ruhigeres Leben,

bezahlt die Steuern nach wie vor,

ein höriger Bürger macht das eben.

Noch schöner ist es als Pensionär

Mit zwanzig Millionen Pension,

dann ist's mit dem ruhigen Leben vorbei.

Man bewegt sich in maritimer Region,

dort kann man leben in Saus und Braus

vorbei an der deutschen Steuer.

Von dieser Sorte gibt es in Deutschland noch viele

und das ist mir nicht ganz geheuer.

Alles wird teurer

Du bekommst dein Gehalt und denkst,

es ist alles wie immer,

nur Jahr für Jahr kommt es noch schlimmer.

Das Heizöl wird teurer,

es ist ja bald Winter,

die anderen Preis steigen nicht minder.

Milch Butter, Eier und Brot,

alles teurer, bald sehe ich rot.

Auch Obst, Gemüse, Fleisch und Fisch

bald hat man nichts mehr auf dem Tisch.

Die Herren da oben, die Deutschland regieren,

den muss man wahrlich gratulieren,

die haben ihre Diäten gleich angepasst,

denen fällt die Teuerung nicht zur Last.

Die sind nicht so blöd, wie die Kleinen

die seit Jahren zwischen sieben und zehn Euro Brutto haben.

Klimawandel II

Auge um Auge, Zahn um Zahn,

so ist heute das Klima, so kalt fühlt sich's an.

Es gibt auch kein wir, es gibt nur noch ich,

zur Not mit Gewalt was kümmert's mich!!

Was wir aus den Kranken oder den Schwachen??

Was sollen Alte oder Mütter mit Kindern machen??

Ist das alles egal?

Interessiert's keinen mehr?

Ein Klimawandel in unseren Herzen muss her!

Nicht nach dem Motto: ich will Fun – meinen Spaß.

Hauptsache ich, gilt das heute als Maß?

Bildung

Das Bildungsniveau sinkt tiefer und tiefer,

fragt man nach einer Lärche, ist die Antwort ne Kiefer.

Goethe und Schiller sind auch unbekannt,

wurde so nicht ein Hund im Fernsehen genannt?

Wie schreibt man Physik, mit Eff oder Vau,

da weiß man heute nicht genau!

Von Rechnen und Lesen hält man nicht viel,

viel besser ist ein brutales Computerspiel.

Das ist besser als Deutsch und Algebra,

oder Chemie und Biologie, ist doch klar.

Denk ich an die Zukunft, wird mir flau im Magen,

in 20 oder 30 Jahren haben DIE dann das Sagen.

Gute Nacht Deutschland

In unserer Zeit, ist zu viel Freizeit,

die Langeweile macht sich mächtig breit.

In unserer Zeit arbeitet man nicht,

da nimmt man den „Vater Staat" in die Pflicht.

In unserer Zeit kennt man keine Not,

da schlägt man aus Frust mal 'nen Menschen tot.

In unserer Zeit bringt man Babys um,

nur weil man zum Verhüten zu dumm.

In unserer Zeit nimmt man LSD und Speed,

weil man dann alles rosarot sieht.

In unserer Zeit gibt es nur Spiel und Fun,

die Pflichten stellt man hinten an.

In unserer Zeit sind Aggressionen üblich,

die Hemmschwelle ist auch sehr niedrig.

In unserer Zeit wird gleich drauf gehauen,

um so die Spannung abzubauen.

In unserer Zeit wird alles gefilmt,

und dann noch verfremdet, ist doch egal, ob es stimmt.

In unserer Zeit sind viele nicht „dicht",

sie werden manipuliert und merken es nicht.

In unserer virtuellen Welt

sind Kühe lila und Elefanten gelb,

die Panther sind rosarot

und selbst die Toten sind nicht tot.

Die stehen immer wieder auf und kämpfen weiter,

kommen so höher auf der virtuellen Leiter.

Am Ende der Leiter sind sie ganz kirre,

so haben wir in 30 Jahren nur Irre.

Wie das noch weiter gehen soll?

Das weiß heute keiner, denn wie so oft schon gesagt:

Heute wird nichts mehr hinterfragt,

alles wird kritiklos hingenommen,

es wird nur gejammert und geklagt,

wenn sie die Rechnung dafür bekommen.

Früher fuhren wir Fahrrad,

spielten Räuber und Gendarm,

wir waren alle zufrieden

und doch waren viele sehr arm.

Früher spielten wir mit Murmeln,

sie waren aus buntem Glas.

Früher liefen wir auch barfuß,

durch das nasse Gras.

Früher lernten wir Lesen und Schreiben

und auch das Einmaleins.

Heute haben viele Legasthenie

und gegen Lesen eine Phobie.

Früher wurden wir zu Hause erzogen,

es wurden uns Grenzen gesetzt.

Dann kamen die Achtundsechziger,

die Folgen spüren wir jetzt.

Früher lebten wir mit der Natur

und nicht, wie heute, dagegen.

Die ganze Nation spielt heute verrückt,

gibt's mal 14 Tage nur Regen.

Früher war alles besser,

früher war alles schön.

Früher waren wir jünger,

haben es anders gesehen.

Deutschland, einst Land der Dichter und Denker,

doch glaub ich, es sitzen die Falschen am Lenker,

die alten Werte sind lange vergessen,

heut sind die Menschen von Facebook besessen,

da wird dann gepostet, gehetzt und gemobbt,

gibt's denn keinen im Land, der diese Vollpfosten stoppt?

So werden gar Kinder in den Selbstmord getrieben,

das ist von unserer Kultur nun übrig geblieben.

Kinder

Kinder sind das höchste Gut
hier auf unserer Welt.
Sie sind nicht zu ersetzen
durch Gold oder Geld.

Kinder brauchen unseren Schutz,
sie müssen behütet sein.
Sie brauchen viel Liebe,
keine Gewalt, egal ob groß oder klein.

Kinder sind so verletzlich,
so zerbrechlich wie Porzellan.
Drum ist es so entsetzlich
was vielen wird angetan.

Kinder schenken vertrauen,
sie geben der Freude viel.
Wir sollten sie nie enttäuschen,
das sei unser größtes Ziel.

Wir feiern die Ankunft von Herrn Jesu Christ,

der als Retter der Menschen geboren ist.

Doch der Sinn von Weihnachten ist in Vergessenheit geraten,

viel wichtiger sind große Geschenke und der Festtagsbraten.

Alles muss groß und teuer sein,

so wird Weihnachten erst richtig fein.

In unserem fetten Lande brechen die Tische voll Überfluss,

so dass man sich schämen muss,

weil Millionen Menschen hungern müssen,

doch davon wollen wir nichts wissen.

Habgier und Neid

bescher'n uns viel Leid,

denn hat einer alles,

will er noch viel mehr,

er kann nicht mehr schlafen,

fragt sich, wo nehm' ich's nur her?

Er geht über Leichen,

selbst mit Lug und Betrug,

denkt – Hauptsache ich,

mir ist's nie genug!

Baut sich ne Welt im Legosystem,

so wird's ringsum erst richtig schön.

Steht dann ein Verbot oder Gesetz im Weg,

gibt's Mittel und Wege, wie man's umgeht.

Sei's mit Bestechung oder mit Spenden,

nur Dumme lassen sich davon blenden.

Das Chaos ist grün

Die Grünen sind steil aufgestiegen,

hoffentlich nur als Eintagsfliegen.

Bleiben Sie dran, ist alles verlor'n,

so werden eben Chaoten gebor'n.

Sie spielen sich auf als Weltpolizei,

sind selbst bei den Umweltsündern dabei.

Frau Roth fährt ne Karre, die braucht extrem viel Sprit,

so arbeitet sie am Ozonloch gleich mit.

Herr Habeck möchte gern Kanzler sein,

die Ambitionen sind groß, das Denken ist klein.

70 Jahr wurde Unkraut vernichtet,

die großen Maschinen haben die Böden verdichtet.

Was gestern noch konventioneller Anbau war,

ist heute Bio, ist doch klar.

Das soll alles behoben sein?

Leute wacht auf! Euer Geist denkt nur klein.

Was lasst ihr euch doch für Märchen erzählen,

es geht nicht um Euch! Ihr sollt die Grünen nur wählen.

Sind die Grünen erst an der Macht,

wird's dunkel in Deutschland – gute Nacht.

Ich kann euch einen Rat nur geben:

Lebt in und mit der Natur und nicht laufend dagegen.

58

Der Apokalypse zweiter Reiter

Krieg

Kriege zerstören Leben,

Kriege vernichten Natur,

Kriege wird's immer geben,

denn die Tyrannen sind stur.

Kriege sind sinnlose Kämpfe,

Kriege sind Blutverlust,

Kriege wird's immer geben,

so bekämpfen Tyrannen den Frust.

Kriege verbrennen die Erde,

Kriege verpesten die Luft,

Kriege wird's immer geben,

so wird einst die Welt zur Gruft.

Städte sind vernichtet,

viele Menschen fanden den Tod,

ein Land wird zu Grunde gerichtet,

nur weil der Präsident ein Idiot.

Häuser liegen in Trümmer,

Überlebende sind viele verletzt,

macht's nicht noch immer schlimmer,

beendet den Krieg – und zwar jetzt!!

Terroristen beherrschen die Erde,
nehmen mit Bomben den Luftraum ein,
schicken auch auf die Meere
Kriegsschiffe groß und klein.

Sie vernichten das Leben von Frauen,
machen vor Kindern keinen Halt.
Sie wollen die Macht an sich reißen,
mit allen Mitteln und nur mit Gewalt.

Sie setzen die Männer in Panzer,
zerstören fremden Lebensraum,
und das alles in Gottes Namen,
Macht ist ihr größter Traum.

Sie fühlen sich zum Töten berufen,
Gewalt ist angesagt.
Ignoriert wird, was andere schufen,
nur Terror ist noch gefragt.

Die Menschen erfanden die Waffen,

haben sich selbst und die Welt zerstört.

Ach, wär'n wir noch die alten Affen,

und hätten von Kriegen nie was gehört.

Starke Frauen

Der Krieg war aus,
das Land lag in Trümmern,
viele Männer noch in Gefangenschaft,
die Frauen mussten sich kümmern.

Sie bestellten unsere Felder,
versorgten auch das Vieh,
kümmerten sich um Alte und Kinder,
über Arbeit klagten sie nie.

Sie holten aus den Trümmern noch Brauchbares raus,
so legten sie manch Grundstein für ein neues Haus.
Was diese starken Frauen mit ihren Händen geschafft,
hat unser Land erhalten und uns den Wohlstand gebracht.

Diese starken Frauen sind heut' Vergangenheit,
sie sind alle längst vergessen,
doch sie zu ehren wird nun Zeit.

Corona!

Jetzt hat uns aus dem China-Land
ein tödlicher Virus überrannt.

Es wird vieles aufgebauscht,
und die Menschen kaufen wie berauscht.

Jeden Tag gibt's `ne neue Horrormeldung,
im Fernsehen `ne weitere Sondersendung.

Keiner weiß den Virus zu stoppen,
also gehen wir ein bisschen shoppen.

Die Schulen und Kita`s bleiben zu.
Europa im Stillstand – nun ist Ruh.

Ca. 2/3 sollen vom Virus befallen werden,
auch nicht schlecht
– dann gibt`s mehr Platz auf Erden.

Apokalypse

Die apokalyptischen Reiter
Galoppieren durch die Welt.

Sie verbreiten Schrecken, Krankheit, Angst, Tod und Elend.
Sie halten die Erde ein bisschen an, zwingen uns umzudenken
und ich hoffe, dass sie uns in eine andere Richtung lenken.

So wie jetzt kann`s nicht weitergehn,
das müssen selbst die „Blinden" sehen.
Auch die „Stummen" sollten schreien
und Gott bitten, uns zu verzeihen.

Unser Kosmos ist dem Kollaps nah,
es dauert nicht mehr lange,
und schon waren wir da!

Ich bin überzeugt davon, dass der Virus nicht nur die Lunge bzw. Atemwege angreift, sondern vor allen Dingen das Gehirn – wie kann es sonst möglich sein, dass Menschen für zwei Rollen Toilettenpapier 10,- € (20,- DM) bezahlen und Dinge horten, die sie nicht benötigen?

Anfang der 50er Jahre konnte man für 20,- DM eine vierköpfige Familie für eine Woche satt machen.

Der Virus ist nicht nur schlecht, es gibt auch Gutes – so z.B. weniger Lärm, weniger Verkehr, weniger Abgase und Feinstaub. Es findet eine Entschleunigung statt, man macht vieles bedachter. Er lehrt uns auch, dass Geld nicht alles ist, dass andere Werte im Leben zählen.

Glaube

Geben und Nehmen

Gott gibt mir Mut,

Gott gibt mir Kraft,

Gott gibt mir Zuversicht und Stärke.

Gott nimmt mir Angst,

Gott nimmt mir Pein,

Gott nimmt mit Einsamkeit und Zweifel.

Gott gibt mir Trost,

Gott gibt mir Rat,

Gott gibt mir Schutz und Leben.

Gott nimmt mir Hass,

Gott nimmt mir Neid,

Gott nimmt mir Rachelust und Leiden.

Gott gibt mir Liebe

und Vertrauen,

darauf will ich mein

Leben bauen.

Amen

Nächstenliebe

In der Bibel steht geschrieben:
„Du sollst deinen Nächsten lieben."
Nun fällt mir das oft nicht leicht,
die meisten sind mir viel zu seicht.

Die wissen nicht mal, was sie wollen,
was sie tun und lassen sollen,
drehen ihre Fahne nach dem Wind
und merken nicht, wie blind sie sind.

Ihnen fehlt der Durchblick an allen Enden,
arbeiten meist nur mit zwei linken Händen,
doch tun sie so, als wären sie die Besten,
die Schönsten, die Schnellsten,
dabei sind sie die Schwächsten.

Wer?

Wer lässt die Blumen blühen lieblich und bunt,
die Hirsche röhren aus vollem Schlund?

Wer lässt die Wolken ziehen am Firmament,
und die Sterne glühen wenn kein Licht mehr brennt?

Wer lässt die Wälder rauschen zu jeder Stund
und die Quellen entspringen aus tiefem Grund?

Wer lässt die Bienen summen zur Sommerzeit,
die Nachtigall schlagen beim Abendgeläut?

Wer lässt die Vögel schweben im stählernen Blau,
alle herrlich leben – Kind, Mann und Frau?

Das hat unser Schöpfer für uns ALLE gemacht,
und ich finde, das hat ER sich gut ausgedacht.

Kindergebet

Gott ist überall

Man kann ihn nicht sehen,

man kann ihn nicht hören,

aber ich kann es beschwören

in jeder Pflanze, in jeder Blume,

da ist Gott.

Sowie in jeder Krumme.

In jedem Halm, in jedem Baum,

da ist Gott.

Sowie in jedem Traum.

In jeder Kuh, in jeder Fliege,

da ist Gott.

Sowie beim Baby in der Wiege.

In jeder Katze, in jedem Hund,

da ist Gott,

Sowie im ganzen Erdenrund,

in allem hier auf unserer Welt

da ist Gott,

der uns erhält.

Gott ist überall, immer für uns da.

Er lässt keinen in Stich –

Und das ist wahr.

Ist es wahr?

War die Erde einst wüst und leer?

Schuf der Herr erst später das Meer?

Ist es wahr?

Herrschte einst große Finsternis?

Machte der Herr erst später das Licht?

Ist es wahr?

Gab es weder Tag noch Nacht?

Wo hat der Herr den „Himmel" untergebracht?

Ist es wahr?

Gab es weder Sonne noch Mond?

War die Erde nicht bewohnt?

Ist es war?

Gott erschuf alles an sechs Tagen?

Ich will lieber aufhören, es gibt ja noch so viele Fragen.

Ewige Vergänglichkeit – ewiger Optimismus

Es ist alles vergänglich auf Erden,

es hat alles seine Zeit.

Es gibt immer ein neues Werden

und eine Ewigkeit.

Der Mensch bleibt nur ein Weilchen

hier auf unserer Welt.

Das sollte er genießen,

nicht streben nach Macht und Geld.

Er macht sich die Erde untertan

und glaubt, ohne ihn geht es nimmer.

Der Mensch ist längst vergessen,

doch die Erde dreht sich noch immer.

Beginne mit Optimismus die Tage,

verliere niemals deinen Humor,

du weißt, es bedarf keiner Frage,

auch schlechte Tage kommen vor.

Beginn mit Singen am Morgen,

auch wenn du mal traurig bist,

du kannst die Zeit nicht borgen,

wenn sie erst verloren ist.

Etwas Frohsinn und gute Taten,

erquicken der Seele Grund,

denn nur mit einer heilen Seele

ist der Mensch auch gesund.

Die Zeit

Die Zeit, das sind die Stunden,

die zum Verleben bleiben,

sie hinterlässt zwar viele Wunden,

die doch meistens schnell verheilen

Du kannst die Zeit nicht halten,

so ist der Erde Lauf,

versuch vernünftig zu leben,

nimm es, so wie es, ist in Kauf.

Die Jahre vergehen mit Arbeit,

im Vordergrund steht das Geld,

doch die Zeit rinnt immer weiter,

sie ist der Puls der Welt.

Der Tod

Es gibt viele Menschenrassen

schwarz, weiß, gelb und rot,

doch wir haben eines gemeinsam,

die Gemeinsamkeit ist der Tod.

Er macht keine Unterschiede,

für ihn gibt es nicht arm oder reich.

Er holt uns alle zu sich,

er behandelt uns alle gleich.

Er lässt sich nicht bezahlen,

er macht sich nichts aus Geld.

Die Mühlen des Lebens mahlen

Bis er sie ab uns stellt.

Dein Freund Alkohol

Du glaubst, er sei dein bester Freund,

weil er dir vieles leichter macht,

doch das ist nur für kurze Zeit.

Darum Mensch, nimm dich in acht.

Die Wahrheit sieht ganz anders aus.

Er hat dich fest im Griff

und du sitzt nun tagein tagaus

in einem sinkendem Schiff.

Er hat dir alle Kraft genommen,

es funktioniert nichts mehr.

Du bist ganz unten angekommen,

in dir ist alles leer.

So hat sich das Leben erst richtig gelohnt.

Du bist allein und kämpfst mit dem Tod.

Der Tod kommt auf leisen Sohlen,

keiner ist vor ihm gefeit.

Er wird uns alle holen,

einen jeden zu seiner Zeit.

Er befreit unseren Körper von Schmerzen,

er ist's auch, der die Seele befreit.

So gehen wir mit reinem Herzen

Heim in die Ewigkeit.

Die Seele

Sterben ist nicht tot-sein,

tot ist nur der Leib.

Das was uns Menschen ausmacht

überwindet Raum und Zeit.

In uns'rer Todesstunde

kehr'n wir zum Vater heim.

Dort werden wir in trauter Runde

mit unseren Ahnen zusammen sein.

Das letzte Hemd hat keine Taschen

Bei der Jagd nach dem Geld vergisst du zu leben,

doch die wahren Schätze wird's für Geld niemals geben.

Du ackerst und rackerst Jahr für Jahr,

am Ende stehst du ohne was da.

Du hast dir zwar viele Werte geschaffen,

die die Pflegeheime nun an sich raffen.

Dann schließt du die Augen für immer zu,

erst dann hat die arme Seele Ruh'.

So wie du einst zur Welt gekommen,

wirst du auch wieder zurückgenommen.

Nackt und bloß.

Tod

Der Tod ist der Anfang vom ewigen Leben.

Der Tod ist die Erlösung von Leid und Schmerz.

Doch der Tod kommt immer zur unrechten Zeit.

Aphorismen

Frau Merkel erinnert mich an den Zauberlehrling;
die ich rief die Geister, werd´ ich nicht mehr los.

Wie soll die Welt sauber werden,
wenn immer mehr Politiker Scheiße fabrizieren!

Orden und Ehrungen sind wie Hämorrhoiden,
am Ende hat sie jedes Arschloch!

Menschen, die Bücklinge machen, haben meistens kein Rückgrat.

Menschen, die lügen, brauchen ein gutes Gedächtnis, sonst
verraten sie sich meist selbst.

Hunde sind die besseren Menschen, sie lügen und betrügen nicht.

Bald werden Kinder geboren, die sofort gechipt werden, um sie
manipulieren zu können --gleichzeitig wird ihnen auch ein
Smartphone transplantiert.

Über die Autorin

Die Verfasserin der Verse ist Ende 60 und lebt allein in Mittelhessen. Sie schreibt immer mit einem lachenden – und einem weinenden Auge, meistens mit einer Portion Humor.

Sie liebt ihre Heimat und ganz besonders Fauna und Flora.